Libérez-vous de l'Anxiété et Retrouvez Votre Paix Intérieure:

Techniques Efficaces pour l'Éliminer de Votre Vie, ainsi que des Secrets pour Surmonter l'Insomnie Causée par l'Anxiété.

Table des Matières

"La peur est l'émotion la plus difficile à contrôler. La tristesse vous fait pleurer, la colère vous fait crier, mais la peur vous emprisonne silencieusement dans votre cœur". **Psychologue des émotions - en ligne**

Avant-propos

Vous êtes probablement en ce moment sur le point de commencer à lire ce livre, parce que vous avez presque abandonné, sur le point d'abandonner la poursuite de votre bonheur. Vous vous enfoncez dans un précipice appelé trouble anxieux généralisé (TAG). Ce sentiment ne m'est pas étranger, je sais exactement ce que l'on ressent en essayant de trouver au moins un petit moyen de sortir de cet enfer. De même, je suis totalement convaincue qu'au-delà de la recherche d'un remède, vous souhaitez que cela se produise le plus rapidement possible. Et si c'est votre objectif, je vous invite à regarder de plus près ce guide définitif pour votre bonheur, qui se trouve dans ce petit livre qui vous montrera des méthodologies innovantes pour sortir de ce trouble pénible. Lisez-le ! Vous serez surpris.

Vous avez l'impression que le cours de votre vie est en train de s'effondrer à cause des crises de panique constantes et de ce que cela signifie pour vous : un véritable cauchemar. Les moments heureux sont si loin dans le passé que vous êtes presque sur le point de vous résigner et, dans le pire des cas, de penser à tout arrêter : votre propre vie. Mais pas avant de vous être arrêté une seconde pour lire ce qui suit. Vous avez peut-être d'abord pensé qu'il s'agissait d'un autre de ces livres de développement personnel de quatrième ordre, mais laissez-moi vous répondre par un retentissant : non. Je crois sincèrement que ce livre que vous êtes sur le point de lire est l'un des guides les plus novateurs et les plus pratiques au monde sur le thème de l'anxiété généralisée. Comment lire, contrôler et éliminer le trouble anxieux de votre vie, et le meilleur : en peu de temps. Dans ce guide décisif, vous apprendrez une liste des techniques les plus efficaces que j'ai apprises dans les meilleurs hôpitaux de santé mentale du monde, lorsque j'étais en proie à l'anxiété, et qui, grâce à leur mise en pratique, m'ont aidé à guérir de façon étonnante.

Je peux me vanter d'avoir survécu à ce fichu trouble. Je n'en ai pas souffert pendant des mois, mais pendant des années d'agonie enfermée dans mes peurs, qui m'ont souvent poussée à la limite de la tentative de suicide. Jusqu'à ce que je trouve un moyen de le contrôler et de l'éliminer de ma vie. Ce que vous lisez n'est pas un prologue marketing, c'est la réalité de la méthodologie que j'ai utilisée et que vous apprendrez bientôt à connaître. Je tiens à souligner que cette méthode n'est pas une magie qui promet la guérison d'un jour à l'autre : non. Mais c'est une méthodologie qui, dès le premier jour où vous l'essayez, apportera de grands changements dans votre état d'esprit, que vous aurez du mal à comprendre au début. Mais ce ne sera qu'un début.

Je vous invite donc à l'examiner le plus lentement possible et à suivre toutes les directives que je vous indique. Si moi, qui ai souffert d'un des troubles anxieux les plus horribles que l'on puisse imaginer, j'ai pu le gérer grâce à ces techniques, et si vous les utilisez, je suis sûr que vous pourrez en sortir victorieux.

Je n'ai pas écrit ce livre dans le but de gagner de l'argent, ce qui ne me préoccupe plus à ce moment de ma vie où je suis heureux. Je l'ai écrit parce que je souhaite de toute mon âme que de nombreux esprits déprimés, désespérés et livrés à ce monstre, s'en sortent et remettent leur vie sur les rails ou au moins essaient d'être heureux à nouveau. Appréciez ce petit guide qui est votre chemin vers votre bonheur mental. Votre ami Simmons Graham qui a traversé l'enfer du trouble anxieux généralisé et qui a réussi à être heureux à nouveau. Je suis heureux.

Si la méthodologie expliquée dans ce livre vous a beaucoup aidé, laissez-moi un commentaire afin que je puisse continuer à aider d'autres personnes qui souffrent de ce problème. Je vous remercie de votre attention.

Anxiété généralisée

Le trouble anxieux généralisé est un problème de santé publique majeur à notre époque, plus que nous ne pourrions jamais l'imaginer, causant une vague de problèmes dans le monde entier. Selon le Mental Hospital Gelh, l'un des meilleurs centres de santé mentale de la planète, qui a récemment publié des données alarmantes, deux personnes sur dix souffrant de ce trouble se rendent dans des centres spécialisés et, rien qu'aux États-Unis, cela équivaut à plus de 20 milliards de dollars du budget annuel de la santé. Et cela n'inclut évidemment pas les dépenses effectuées dans le monde entier pour cette maladie. Il s'agit sans aucun doute d'une pandémie, l'OMS la considère même comme un problème plus préoccupant que le VIH en raison de la vague de suicides qu'elle a provoquée ces dernières années, en plus de son coût économique élevé.

Sachant cela, on peut se demander ce qu'est l'anxiété généralisée elle-même qui cause tant d'angoisse mentale à l'individu qui en souffre. Examinons la définition clinique selon les spécialistes de l'hôpital psychiatrique Gelh : il s'agit d'un trouble mental dans lequel une personne est souvent inquiète ou anxieuse sans raison à propos de nombreuses choses, la plupart du temps de nature catastrophique, associé à une série de symptômes qui se produisent généralement tout au long de la journée ou d'une partie de la nuit.

Pour une personne souffrant d'anxiété, il ne sera pas toujours facile de trouver le bon diagnostic, car lorsqu'elle souffre par exemple d'une crise de panique ou des symptômes de la même affection, il est normal qu'elle se rende chez un médecin généraliste qui, pour la plupart, n'a ni la sensibilité ni le tact, et encore moins une connaissance approfondie de la maladie, et qui donne généralement des diagnostics erronés et des traitements inefficaces. Cette situation est plus fréquente qu'on ne le pense, même lorsque les personnes concernées présentent l'ensemble des symptômes. D'autres ne cherchent jamais à obtenir une aide professionnelle en raison de leur ignorance et de leur manque de connaissances, et d'autres encore simplement à cause du qu'en-dira-t-on. Ou tout simplement par pitié, parce qu'ils croient que le fait de demander une aide psychologique professionnelle sera qualifié de faible, de ridicule ou d'exagéré.

Comme nous l'avons déjà vu, la plupart des gens ont déjà entendu la définition de ce trouble débilitant, mais peu d'entre eux ont une compréhension profonde de ce que signifie être anxieux. L'anxiété est une caractéristique naturelle que tous les êtres humains possèdent pour leur survie et qui les aide à se sortir de situations stressantes. Mais au-delà de l'aide qu'elle nous apporte dans les situations dangereuses, l'anxiété prolongée peut entraîner de nombreuses affections physiologiques et, par conséquent, détériorer notre vie personnelle et professionnelle. C'est pourquoi il est si important de demander de l'aide. Car une fois que l'anxiété passe à la deuxième phase, la détresse, les pensées répétitives et intrusives et la peur épouvantable qui surgit souvent de nulle part. Et si nous ne recevons pas de traitement à temps, elles peuvent devenir incontrôlables ou de nouvelles apparaissent, mais cette fois-ci non seulement mentales mais aussi physiologiques, qui dans de nombreux cas deviennent presque impossibles à supporter, et donc détruisent notre vie dans tous ses aspects, nous privant de tout notre bonheur.

Les symptômes de l'anxiété généralisée

LA SYMPTOMATOLOGIE DE L'ÉTIQUETTE :

- Tachycardies (modérées à très intenses, dépassant 160 battements par minute).
- Essoufflement, difficulté à gonfler les poumons (dyspnée).
- La déréalisation (la sensation de percevoir son environnement comme un simple mirage ou irréel, comme si l'on n'était pas dans la réalité physique mais dans un rêve) est l'un des symptômes les plus terribles lorsque l'on souffre de ce trouble. C'est l'un des symptômes les plus terribles lorsque l'on souffre de ce trouble.
- Sentiment d'être en dehors de son propre corps, connu sous le nom de dépersonnalisation.
- Attaques de panique modérées à sévères.
- Peurs insupportables sans raison apparente.
- Manque de concentration.
- Difficultés d'endormissement : insomnie pendant des semaines, voire des mois.
- Angoisse et anxiété, au point de vous griffer et d'essayer de vous tuer dans les cas extrêmes.
- Pensées intrusives de culpabilité et de détresse.
- Vertiges et tensions sévères (douleurs dans la région du cou).
- La peur de mourir d'une crise cardiaque.
- Nausées et vertiges.
- Fatigue tout au long de la journée.

- Colite nerveuse et gaz anormaux dans les situations de stress.
- Engourdissement de certaines parties du corps telles que le crâne, la mâchoire, les jambes et les bras.
- Frustration de ne pas pouvoir réaliser ses rêves en raison de la nature invalidante de la maladie.
- Faible estime de soi et découragement. Et bien d'autres choses encore.

Principes à connaître qui peuvent déclencher une anxiété généralisée.

Jusqu'à présent, il n'existe pas de facteur concluant à l'origine de ce trouble, mais plutôt un certain nombre d'éléments qui y sont directement ou indirectement liés, tels que l'environnement, la génétique, les expériences de vie ou les situations traumatisantes. J'en énumère ici les principaux :

- **Héritage génétique : les** caractéristiques physiques et biologiques héritées des parents, bien qu'elles ne soient pas toujours irréfutables, sont généralement liées directement ou indirectement à l'**étiquette**. Bien que des recherches récentes aient montré que la plupart d'entre elles sont héritées de la charge génétique de la mère.
- **Facteur environnemental : il** s'agit de situations dans lesquelles nous avons tendance à vivre au quotidien, par exemple dans un environnement de travail où nous sommes constamment humiliés ou à l'école, ou le simple fait d'être en relation avec des personnes négatives, des frustrations personnelles, des relations infructueuses ou des situations économiques défavorables.

- **Situations traumatisantes : il** s'agit de toutes les situations que nous vivons au cours de notre vie et qui nous ont poussés à nos limites psychologiques et émotionnelles. Comme le fait d'avoir subi un viol, un enlèvement ou simplement d'avoir été victime d'un accident mettant en jeu le pronostic vital, ou encore d'avoir pratiquement un malade à la maison. Lorsqu'une personne passe beaucoup de temps dans de telles situations, elle développe souvent des troubles anxieux allant de modérés à insupportables, et dans de nombreux cas, elle se suicide. Chez les mineurs, comme les enfants, il est essentiel de les surveiller lorsqu'ils présentent des symptômes, car ceux-ci peuvent les affecter trop fortement et même les accompagner pour le reste de leur vie. Par conséquent, soyez toujours attentifs à ce qui arrive à vos enfants à l'école, car les brimades peuvent provoquer une anxiété généralisée.

Une fois que vous saurez ce qu'est l'anxiété, sa principale symptomatologie et les facteurs qui tendent à l'activer, je vous laisserai découvrir l'ensemble des techniques les plus efficaces qui m'ont personnellement beaucoup aidé lorsque j'en ai fait l'expérience. Une fois les techniques analysées, je vous raconterai comment j'ai réussi à vaincre définitivement ce monstre en peu de temps avec une autre méthode que celles que vous connaissez maintenant. Je tiens à préciser que la liste des techniques que vous verrez ci-dessous, je les ai essayées personnellement, et je peux vous assurer à presque cent pour cent qu'elles fonctionnent pour contrôler l'anxiété. Sans plus attendre, je vous laisse avec le guide définitif sur la façon de contrôler ce trouble et ses horribles symptômes.

En guise de conclusion, il convient de souligner que ce livre n'encourage jamais à ne pas demander l'aide de professionnels, mais qu'au contraire, je vous invite à vous adresser à des centres spécialisés. Ce guide est le point de vue d'une personne qui a réussi à bannir la maladie de sa vie grâce à toutes les méthodes que je mentionne ici. Il convient toutefois de préciser que 15 % d'entre eux n'y parviendront peut-être pas, car dans toutes les méthodes, il y a toujours une marge de 15 % qui ne fonctionne généralement pas, mais je suis certain que 75 % en bénéficieront d'une manière ou d'une autre.

Techniques pour contrôler l'anxiété

Dans cette section, vous découvrirez les techniques les plus efficaces utilisées dans différentes parties du monde pour contrôler la plupart des symptômes de l'anxiété généralisée. Commençons par le commencement.

Crises de panique

Une attaque de panique est une crise qui survient soudainement et qui s'accompagne toujours d'une peur incontrôlable et de sensations physiologiques excessives sans raison. Ce symptôme de l'anxiété est l'un des plus horribles et peut laisser la personne qui en souffre pratiquement très déprimée. Lors d'une crise de panique, vous avez l'impression d'être sur le point de perdre le contrôle, en fonction de la situation. Par exemple, si vous avez soudainement des tachycardies rapides, vous ressentez une peur irréaliste d'être sur le point d'avoir une crise cardiaque, et vous avez l'impression que vous allez mourir soudainement, ce qui vous amène à faire de l'hyperventilation ou souvent à vous enfuir en criant.

Selon les spécialistes, les crises de panique ne surviennent pas chez tout le monde, de sorte que la plupart des gens n'en auront qu'une seule au cours de leur vie, mais pas plus. Chez ces personnes, les crises de panique disparaissent dès que la situation stressante disparaît. Mais contrairement à ces personnes, l'individu souffrant d'anxiété souffre d'attaques de panique récurrentes et, chez beaucoup d'entre eux, cela se transforme en trouble de panique et d'anxiété. Il est bon de noter qu'une crise de panique ne tue personne, mais qu'elle perturbe la qualité de vie, tant sur le plan personnel que professionnel. Heureusement, il existe des méthodes et des techniques pour y remédier.

Les symptômes d'une crise de panique se manifestent généralement de manière progressive ou soudaine, sans aucun signe avant-coureur. Ce qui est désagréable, c'est qu'ils surviennent toujours lorsque vous êtes dans des moments calmes ou paisibles. Par exemple, en regardant un coucher de soleil, en regardant un bon film ou simplement en se reposant. Le pire, c'est qu'elles ont tendance à se répéter deux fois par semaine ou tous les jours, laissant les personnes qui en souffrent épuisées et incapables de participer normalement à des activités extrascolaires. La meilleure façon d'identifier une crise est de suivre les caractéristiques ci-dessous.

- La peur de perdre le contrôle et de pouvoir commettre quelque chose de fou comme se suicider ou tuer quelqu'un, bien qu'il ne s'agisse que d'idées infondées.
- Les tachycardies (pulsations accélérées qui oscillent au-dessus de 120 battements par minute et atteignent parfois un pic de 170 battements par minute, créant ainsi un environnement propice à la sensation d'être sur le point de subir un collapsus cardiaque. Mais tout cela est le produit de la même peur et de l'hyperventilation, et c'est à ce moment-là que surviennent les tremblements et les vertiges caractéristiques d'un déséquilibre métabolique.
- Des tremblements musculaires parfois incontrôlables qui peuvent durer jusqu'à 10 minutes et disparaître. Cette symptomatologie crée la panique dans l'entourage proche sans que l'on s'en rende compte. Car voir son proche trembler de manière incontrôlée n'est pas quelque chose

qui passe inaperçu.

- Frissons et transpiration accompagnés d'un froid ou d'une chaleur intense.
- L'essoufflement, c'est la sensation, pendant quelques instants ou quelques heures, de ne pas pouvoir déployer librement ses poumons, comme si l'on ressentait une oppression dans la poitrine. C'est l'un des symptômes que de nombreuses personnes fuient lorsqu'elles se trouvent à l'intérieur.
- Étourdissements, vertiges.
- Nausées.
- Gêne musculaire générale, en particulier au niveau des épaules, de la poitrine, du dos et des vertèbres.
- Maux de tête sévères à modérés.
- envie de déféquer.
- Urgence ou besoin impérieux de déféquer sous la forme d'un jet.
- Avoir le sentiment de perdre la raison et l'envie de s'enfuir à cause de ce sentiment, quoi qu'on en dise.
- Sensation de chaleur dans la poitrine.
- Sensation d'étouffement.

La symptomatologie décrite ci-dessus est une synthèse des principaux éléments qui accompagnent une attaque de panique lorsque l'on a perdu le contrôle de ses propres émotions.

Il convient de noter que l'un des aspects les plus terrifiants des crises de panique est la crainte qu'elles ne deviennent répétitives. Lorsque l'on s'habitue à subir crise après crise, il arrive un moment où l'on sait que cela ne nous tuera pas et que l'on est conscient à l'avance, mais une fois que cela se manifeste dans notre esprit, tout change, à ces moments précis, on a l'impression de mourir, tout est obscurci, la logique n'obéit pas. Seuls ceux qui ont connu ces horribles sensations savent qu'il est très difficile d'y faire face avec notre force mentale pour dire non, il ne se passe rien.

Tout comme l'anxiété, les principales causes d'une crise de panique sont dues, dans une large mesure, à une prédisposition à en souffrir ou peut-être à une situation spécifique qui la provoque dans votre subconscient, amenant les symptômes à la conscience et, par conséquent, tout ce qui accompagne une crise. ..... Heureusement, il existe de nombreuses techniques efficaces capables d'arrêter une crise de panique dans son élan. Vous découvrirez ci-dessous quelques-unes des meilleures techniques qui m'ont personnellement incroyablement aidé lorsque j'ai vécu cet enfer. Après avoir souffert d'anxiété pendant 10 ans et essayé de nombreuses méthodes de guérison, je pense que les techniques que vous allez apprendre sont les meilleures que je connaisse au monde. J'espère que vous les mettrez en pratique et qu'elles vous aideront.

La technique qui consiste à ne pas respirer naturellement lors d'une attaque

Une fois que vous êtes tombé dans une crise de panique, nous savons par expérience qu'elle ne s'arrêtera pas en 10 ou 15 minutes si nous ne faisons rien, mais en appliquant cette technique, nous l'arrêterons... cette technique est simple, elle consiste essentiellement à soutenir notre respiration autant que possible... J'ai appris cette technique à Kalsubai, en Inde, lorsque je cherchais des moyens de m'aider à faire une retraite d'une année sabbatique, et croyez-moi, je l'ai trouvée. Une fois que je l'ai apprise, après l'avoir pratiquée pendant 7 jours avec mon professeur, la crise de panique est survenue en plein milieu d'une réunion d'amis dans un restaurant italien. Et vous savez quoi ? Je l'ai exécutée comme je l'avais apprise et le résultat a été merveilleux, quelque chose qui ne m'était jamais arrivé auparavant avec autant de méthodes.... si cela devait arriver, ce qui ne manquera pas d'arriver avec toute la symptomatologie ou une partie de ce que vous avez déjà lu ci-dessus, la première chose à faire, indépendamment des tremblements musculaires, est de se couvrir la bouche et le nez avec les deux mains, aussi étroitement que possible... même si vous avez l'impression de mourir à ce moment-là, vous savez qu'il s'agit d'une crise de panique et que vous ne mourrez pas malgré les battements violents de votre cœur ou l'incertitude et l'angoisse de la peur de mourir de quoi que ce soit. Vous ne devez pas ouvrir la bouche pendant 10, 20, 30, 40 secondes... même si vous avez le souffle court, vous ne devez pas ouvrir la bouche, vous devez continuer à vous accrocher... je tiens à le répéter, vous ne devez pas retirer vos mains pendant au moins 45 secondes. Je vous assure qu'il ne vous arrivera rien et que votre crise de panique et vos tremblements s'estomperont peu à peu.

Si les tremblements sont encore très forts, respirez profondément et couvrez à nouveau votre bouche et votre nez avec vos mains pendant 30 secondes supplémentaires ... après 60 à 80 secondes à partir du début de la crise de panique féroce, vous commencerez à sentir que les tremblements dans tout votre corps, en particulier dans vos bras, commenceront à diminuer progressivement, et que votre anxiété et votre peur commenceront à disparaître. Cela est dû à la faible quantité d'oxygène que vous avez inhalée et qui a donc diminué dans le système nerveux central. Par nature, le système nerveux central envoie des impulsions électriques à l'ensemble du système nerveux musculaire qui commence à se détendre sur place et, par logique, cette action produit une réaction physiologique de paix et de tranquillité, et de nouveau un retour à la respiration et au calme mental.

Cette technique est simple, heureusement elle fonctionne chez la majorité des personnes, 8 sur 10, du moins c'est le pourcentage dans les centres de santé mentale où elle est utilisée. C'est l'une des techniques les plus efficaces qui existent et que la plupart des gens ignorent. Rappelez-vous donc que vous devez la pratiquer avant et le faire de manière calme et consciente. Si vous n'en avez pas l'habitude, essayez d'abord de retenir votre respiration pendant 20 secondes, puis augmentez peu à peu jusqu'à atteindre 40 ou 60 secondes. Inspirez et expirez l'air lentement... au fur et à mesure que vous apprendrez, la paix d'esprit que cette pratique vous procurera sera incroyable. Une semaine suffira pour contrôler votre respiration et endurer peut-être 60 secondes, mais l'optimum est de 40 secondes pour que ce soit efficace. Croyez-moi, je l'ai fait à l'époque et la crise de panique a disparu, même au milieu des réunions sociales.

N'oubliez pas d'emporter toujours avec vous le parfum de la lavande. C'est l'un des produits les plus connus dans le monde de la science en tant que puissant agent calmant de notre système nerveux central, capable d'aider à réduire l'anxiété et les crises de panique. Par conséquent, lorsque vous sentez qu'une crise de panique commence, vous devriez immédiatement frotter de l'huile de lavande près de votre nez et de votre cou, de cette façon vous commencerez à vous détendre jusqu'à ce que vous soyez complètement calme en quelques minutes. Il est également fortement recommandé de boire du thé à la lavande. Il convient toutefois de préciser que le spécialiste des troubles paniques est le psychiatre ou le psychologue, et que vous pouvez vous adresser à eux, qui vous apporteront une aide précieuse dans le processus de guérison.

Technique du fou rire

Il s'agit essentiellement de commencer à rire comme si vous étiez fou si vous êtes chez vous, si vous êtes entouré de gens, essayez de sortir de là et faites-le dans la salle de bain. Il se peut que vous ayez du mal à l'assimiler lorsque vous le lisez, mais vous le lisez bien. Les experts en thérapie cognitive et en santé mentale du monde entier ont commencé à utiliser la technique mise au point par le psychanalyste Markus Global, qui a qualifié le RIRE INQUIÉTANT OU FOU de technique révolutionnaire aux résultats impressionnants pour les personnes souffrant d'attaques de panique. Lorsqu'une personne commence à souffrir d'une crise de panique, dans un centre de santé mentale, on lui demande de ne pas avoir peur et de commencer à rire spécifiquement à haute voix, comme si elle était folle. Visiblement, il s'agit d'un rire actif, mais à l'intérieur de notre esprit, cela rend notre système nerveux central erroné ou du moins confus. Cette technique simple et impressionnante est d'autant plus efficace que la personne qui en souffre est accompagnée d'une personne de confiance qui l'encouragera à croire que rien ne se passera pendant qu'elle rit à gorge déployée en essayant d'embrouiller son système nerveux et donc de ralentir et d'arrêter l'attaque de panique.

Les experts en santé mentale ont constaté que lorsqu'un individu souffrait d'une crise de panique et qu'il se mettait immédiatement à rire et à se concentrer, la crise de panique et tous ses symptômes disparaissaient dans les 2 à 3,5 minutes qui suivaient son apparition. Cela était principalement dû au fait que la personne détournait son attention des sensations physiologiques du problème et que, par conséquent, son cerveau, qui contrôle le système nerveux, diminuait progressivement les impulsions électriques du système nerveux vers le corps, ce qui réduisait incroyablement l'inconfort. Il convient de mentionner que cette technique révolutionnaire est encore à l'étude, mais il faut noter que, personnellement, c'est l'une des meilleures que j'ai utilisées et qu'elle m'a incroyablement aidé. Et elle aide des milliers d'autres personnes en ce moment même.

Je me souviens encore de ces moments où j'ai eu une crise de panique féroce au milieu de la nuit, et grâce à cette technique j'ai réussi à la contrôler et à l'éliminer en quelques minutes. Et c'était si facile, seulement au milieu de ma propre peur je commençais à rire comme un fou, oui, comme un fou, et je répétais à mon subconscient des phrases d'affirmation de soi, 'que je ne pouvais pas me battre, que j'étais plus forte...' que je serais heureuse malgré ces malaises suivis de beaucoup d'autres phrases positives... bien que cela semble absurde et stupide, de façon impressionnante cela a disparu... donc quand une crise de panique vous visite à nouveau, n'oubliez pas de rire comme un fou, plus c'est fort, mieux c'est.

Riez et dites-lui que vous l'aimez, qu'il n'est pas de taille à vous battre. Croyez-moi, plus vous le ferez chaque jour, plus la crise disparaîtra avec le temps. Essayez de rire dans ce moment chaotique où la peur vous envahit, comme s'il se passait quelque chose de drôle... Je sais que c'est très facile à dire, mais j'en ai souffert et sur le moment il est difficile de le mettre en pratique, mais le premier pas est celui-là : le faire, et c'est un pas vers votre victoire. Si vous apprenez à rire fort et fermement, je vous assure que vous ne craindrez plus jamais d'avoir une crise de panique. C'est drôle comme cette technique basée sur la confiance en soi permet de la vaincre.

Technique du piment Habanero

Vous trouverez cela incroyable, et oui, vous n'avez peut-être jamais entendu parler de cette technique. Bien qu'elle soit appelée de différentes manières en Inde, toutes n'utilisent pas la même épice, mais c'est l'une des meilleures. Je dois dire que cette technique n'est pas la solution définitive pour déraciner l'anxiété, mais elle aide et je peux dire que c'est l'une des plus puissantes à l'heure actuelle, et c'est simple parce que l'épice provoque la libération d'une grande quantité d'hormones du bonheur qui interrompt l'état altéré de l'esprit et du système nerveux, le faisant revenir à son état naturel. Je me souviens l'avoir utilisée à plusieurs reprises lorsque j'avais des crises de panique et c'était l'une de mes préférées en raison de son efficacité. Lorsque j'avais une crise de panique accompagnée de tremblements et de peurs incontrôlables, je mâchais un habanero vert et immédiatement le pouvoir épicé de l'habanero me faisait commencer à transpirer et à me sentir chaud, puis il me faisait cracher le produit. Idéalement, il faut mâcher pendant 20 secondes. Le goût est très fort et il est presque impossible d'y résister. Contrairement aux techniques précédentes, le seul effet secondaire de la démangeaison est de supporter le piquant dans la bouche. Il ne faut pas l'avaler mais seulement le mâcher pendant 20 ou 30 secondes en contenant son extrême démangeaison, puis le rincer avec de l'eau et le supporter pour dissiper sa démangeaison, mais pendant ce temps, il fera effet en libérant dans notre cerveau de grandes quantités d'hormones qui vous feront bientôt calmer l'attaque de panique ..... si vous voulez l'utiliser dans la rue ou lorsque vous sentez que vous pouvez avoir une crise de panique, mâchez-le, mais ayez toujours une bonne bouteille d'eau avec vous car bien qu'il puisse faire disparaître une crise de panique rapidement si vous n'avez pas assez d'eau, la démangeaison est très puissante, et si vous n'y êtes pas habitué, vous vous sentirez horriblement mal...

D'incroyables exercices contre l'anxiété

Je sais que si vous souffrez d'anxiété, la dernière chose que vous voulez faire est probablement de faire de l'exercice. Pourtant, laissez-moi vous dire que l'activité physique est l'un des meilleurs, oui vous avez bien lu, l'un des meilleurs moyens de vaincre ce démon qu'est l'anxiété généralisée. Il est scientifiquement prouvé que l'activité physique prévient des centaines de maladies chroniques dégénératives et qu'elle procure un sentiment de bien-être et de sérénité. En plus de vous empêcher de revenir en arrière si vous avez déjà fait quelques pas, elle vous aide à faire en sorte que s'ils reviennent, ce sera avec moins de force. Vous vous demandez peut-être si c'est vrai, mais bien sûr que oui, et voici pourquoi.

- En libérant différents types d'hormones, telles que les hormones endogènes, les endorphines, les sérotonines qui produisent un état de bien-être élevé dans notre esprit et notre corps. Toutes ces différentes hormones sont libérées dans notre sang lorsque nous faisons de l'exercice, produisant des effets similaires à ceux de certains médicaments. En d'autres termes, des sensations de bien-être, mais évidemment sans les dommages causés par les drogues.

- Lorsque nous faisons de l'exercice quotidiennement, nous éliminons de notre esprit toutes les angoisses et tous les soucis qui s'accumulent.

Sachant quels sont les bénéfices pour les troubles anxieux, vous pouvez vous demander pendant combien de temps il est conseillé de faire de l'exercice.

Délai recommandé

Selon une étude récente menée à l'Oxford Research Institute, une expérience de 7 mois avec plus de 1000 participants a montré que 20 minutes par jour d'activité physique de qualité pouvaient réduire de manière impressionnante une grande partie de la symptomatologie anxieuse. Telles que l'anxiété, les attaques de panique, l'insomnie, qui ont tendance à se produire davantage la nuit. En outre, ils suggèrent de ne pas considérer l'exercice comme une tâche obligatoire, mais au contraire de l'apprécier comme l'une de nos activités quotidiennes, comme le petit-déjeuner, le bain, etc. Si l'on adopte cette attitude, il sera beaucoup plus facile de sortir et de faire face à une condition aussi ennuyeuse, ce qui développera la force et la confiance en soi, tout en renforçant le système pulmonaire et cardiaque, de sorte que l'étouffement et l'essoufflement constants dus à l'anxiété diminueront ou, comme dans mon cas, disparaîtront grâce à l'activité physique. Maintenant que vous connaissez dans les grandes lignes les bienfaits de l'exercice physique, vous vous demandez peut-être si tous les exercices sont bons ou s'il en existe des spécifiques. Eh bien, toute activité physique est recommandée, mais selon trois des meilleurs instituts de santé du Canada, des États-Unis et du Royaume-Uni, tels que Youhealth, Manhardunite et

Sumbert, ils ont convenu qu'au moins 92 % des personnes étudiées dans le cadre d'essais contrôlés qui ont pratiqué la course à pied ou la marche à faible impact pendant au moins 30 à 40 minutes par jour ont connu une réduction impressionnante de leurs symptômes, de l'ordre de près de 90 %. En deuxième position, on trouve le cyclisme modéré, qui a apporté une amélioration d'au moins 75 %, et en troisième position, la natation, avec des résultats impressionnants de 73 % et une amélioration notable de l'humeur. Il convient de suggérer que, quel que soit le sport choisi, la personne souffrant de troubles anxieux généralisés devrait choisir l'activité physique qui la passionne vraiment et ne pas se laisser emporter par cette étude qui, bien qu'elle soit très complète, si elle est forcée, elle n'obtiendra pas de résultats... car, si elle est forcée, même s'il s'agit d'un exercice qui libère les hormones du bonheur, le subconscient finira par le prendre comme une tâche ennuyeuse et fastidieuse, et au lieu de l'aider, ce sera le contraire : frustration et inconfort musculaire.

Gêne musculaire

La surcharge de notre système musculaire causée par les troubles anxieux est très fréquente et provoque généralement une grande gêne due à des courbatures, des crampes, un inconfort, des sensations de chaud et de froid et des douleurs aiguës dans la région du cou et des épaules et, dans la plupart des cas, de graves maux de tête pendant des semaines et une baisse d'énergie accompagnée de somnolence.

L'une des meilleures pratiques pour la prévention et la guérison de ces malaises est la pratique quotidienne des étirements, qui sont exclusivement dérivés du yoga et qui sont les plus utilisés par les spécialistes, en particulier pour ce type d'affections. En effet, il permet d'oxygéner tout notre système musculo-squelettique en quelques minutes et d'apporter un bien-être immédiat à cette zone. Si vous voulez apprendre, il vous suffit de surfer sur Internet et de chercher des techniques de relaxation corporelle avec le yoga. Il existe des milliers de vidéos sur ce sujet qui vous prendront 10 minutes par jour. Je dois ajouter que quelque chose de vraiment bien et qui aide beaucoup, ce sont les massages en complément de tout traitement que vous prenez contre l'anxiété, parce qu'ils aident à libérer toute l'énergie accumulée dans des zones telles que le cou et les épaules qui, lorsque vous bougez avec le massage, vous sentez une relaxation immédiate et un bien-être immédiat. Demandez simplement à un membre de votre famille de vous masser le haut du dos et la nuque en décrivant des cercles dans le sens inverse des aiguilles d'une montre. Vous pouvez également rechercher sur Internet comment masser pour lutter contre l'anxiété et le stress et vous trouverez des centaines de vidéos qui vous permettront d'apprendre un nouvel outil qui vous aidera à surmonter et à contrôler certains des symptômes du stress.

Vaincre l'insomnie pour pouvoir dormir et ne pas souffrir de l'impression que l'aube se lève

L'insomnie est l'une des choses les plus terribles qui soient si l'on y ajoute la peur de ne pas pouvoir dormir. L'insomnie, c'est en fait ne pas pouvoir dormir, même si l'on est fatigué et que l'on en a envie, on n'arrive pas à s'endormir et on a tendance à passer beaucoup de temps à se retourner dans son lit avec le cerveau très actif, ce qui est le produit de la même anxiété et, dans de nombreux cas, de la peur de ne pas pouvoir s'endormir, de regarder l'horloge et de voir les heures passer et la lumière du jour arriver... c'est une peur que beaucoup de gens ont...

L'insomnie concerne au moins 67% des personnes souffrant d'anxiété modérée ou chronique, et ce trouble est, avec les attaques de panique et l'angoisse mentale, l'un des symptômes les plus effrayants pour ceux qui en souffrent. Quelle qu'en soit la cause principale, 88 % des insomnies sont directement et indirectement causées par le trouble anxieux généralisé (TAG). Heureusement, il existe des méthodes et des techniques efficaces que nous pouvons employer et des thérapies que nous pouvons suivre pour nous aider à surmonter ce trouble qui, chez la plupart des gens, devient si frustrant et débilitant qu'il provoque le suicide chez au moins 7 personnes sur 100. Maintenant que vous avez une idée claire de la situation, je vais vous montrer ce qu'il ne faut pas faire avant d'essayer de dormir.

- Si nous souffrons de cette maladie, nous devons toujours nous coucher à la même heure, si c'est à 9 heures, toujours à 9 heures, parce que c'est ainsi que nous programmons notre horloge interne et si nous le faisons de cette façon, elle s'ajustera naturellement et donc elle sécrétera les hormones vitales pour que nous puissions nous endormir. Donc toujours à la même heure, l'heure recommandée est 8h30 au plus tard 10 heures, pas plus.

- Ne consommez pas de nourriture supplémentaire pendant la nuit. Il est recommandé d'éviter à tout prix les aliments et produits tels que : les aliments sucrés, les pâtisseries sucrées, les aliments très gras, les aliments très épicés, les sucreries, qui sont généralement très difficiles à digérer et donc plus difficiles à endormir parce qu'ils élèvent et saturent notre fonctionnement digestif et métabolique pendant la nuit, ce qui nous fait perdre des heures à tourner en rond.

- Ajustez un schéma mental au moins 15 minutes avant d'aller au lit, de telles affirmations ou pensées doivent être positives, comme écouter vos 3 chansons préférées les plus relaxantes, vous devez stimuler vos sens ou peut-être, cela peut être quelques douzaines de belles images de paysages relaxants qui aideront votre subconscient à prendre ces impulsions visuelles et à envoyer une réponse positive, ou à travers les sensations, vous pouvez faire de la méditation au moins 10 minutes avant d'aller au lit. C'est l'une des meilleures habitudes que vous puissiez prendre.

- Essayez de ne pas dormir plus de 25 minutes pendant la journée afin que le sommeil ne vous échappe pas la nuit et ne vous rende pas plus anxieux.

- Laissez votre téléphone portable dans un autre endroit de votre maison, ne l'emportez pas dans votre chambre à coucher ou, si vous le prenez, éteignez-le ! De même, n'utilisez jamais votre téléphone portable une heure avant de vous coucher.

- Essayez de garder votre chambre à l'abri des bruits gênants, donc couvrez autant que possible les bruits, les fenêtres, les portes, etc. En outre, gardez votre chambre dans l'obscurité totale, ce qui est essentiel pour que votre hypothalamus commence à libérer les hormones du sommeil et à percevoir les sensations qui précèdent le sommeil.

- Fondamentalement, n'oubliez pas de prendre un bain de soleil au moins 30 minutes par jour, car cela est très important pour une qualité optimale de sommeil réparateur.
- Ne mangez pas de sucreries deux heures avant, car elles empêchent de dormir.

Une fois que vous avez commencé à changer vos habitudes en bonnes habitudes, il est temps de commencer par la technique qui m'a le plus aidé dans ces moments sombres où je n'arrivais pas à dormir, et où je pleurais parce que je n'arrivais pas à dormir. Cette technique est connue sous différents noms dans différents centres de santé à travers le monde, mais dans ce guide, nous l'appellerons la relaxation post-sommeil.

✓ 35 minutes avant de vous endormir, vous devez vous rendre seul dans votre chambre. N'oubliez pas que vous devez vous installer confortablement dans une chaise ou un fauteuil devant une photo ou un tableau relaxant, mais attention, il ne doit pas provenir de votre téléphone portable ou de votre ordinateur, vous devez imprimer au moins 3 photos en couleur et les placer dans votre chambre devant vous. Ce paysage doit être vraiment beau, je recommande les paysages harmonieux qui inspirent la paix. Vous pouvez le fixer au mur avec de la colle ou du ruban adhésif afin de pouvoir l'observer confortablement.

✓ Une fois que vous êtes à l'aise et assis dans la bonne position, le dos droit devant votre paysage, vous devez à ce moment-là vous imaginer en train de faire une image mentale de vous-même dans le paysage, en imaginant que vous existez dans ce monde devant vous et dans lequel vous avez l'esprit tranquille, tout en profitant d'une promenade dans cet endroit merveilleux, que ce soit la mer, un bel après-midi ou une promenade dans la forêt... Vous sentez que vous respirez la fraîcheur de l'air et qu'elle frappe votre visage, ce qui vous rend plus serein, tandis que tout autour de vous le chant de toutes sortes d'oiseaux se fait entendre et orne tout l'environnement paradisiaque dans lequel vous vous promenez joyeusement... À ce stade, vous devez essayer avec votre imagination de créer toutes les gammes de sensations physiologiques comme si vous pouviez les ressentir en réalité. À ce stade, en regardant le merveilleux paysage calme qui s'offre à vous...

Une fois que vous aurez exécuté cet exercice mental pendant au moins 20 minutes, vous devrez fermer les yeux et inspirer aussi profondément que vos poumons le permettent, et une fois que vous l'aurez fait, en gardant les yeux fermés, vous devrez recréer le même paysage que vous venez de réaliser, mais sans voir l'image. Cette fois-ci, tout sera dans votre esprit... Il est important de mentionner que vous ne devez jamais arrêter de respirer, le plus lentement possible, sans forcer, mais de façon fluide.

Une fois que toute la scène a été jouée dans votre esprit, vous devez vous dire d'une voix ferme et avec une confiance résolue : "ce soir, je dormirai si calmement, plein de paix après avoir traversé ce paysage paisible qui m'a donné une tranquillité dans mon âme : "je dormirai calmement, rapidement et sans peur parce que je suis heureux...". Si vous le faites quotidiennement, ce message positif dessinera automatiquement un schéma mental dans votre subconscient et, d'une certaine manière, il obéira à la reprogrammation d'un nouveau schéma et à l'élimination de l'ancien que vous aviez et qui produisait tout lorsque vous alliez dormir et que vous n'obteniez pas ce que vous vouliez dormir mais que vous ne pouviez pas obtenir, parce que votre esprit était actif et agité par des pensées débordantes. Cette technique simple mais puissante commence à donner des résultats dès les 10 premières séances, c'est-à-dire que si vous la pratiquez quotidiennement après 10 à 15 jours, vous commencerez à voir des résultats incroyables dans la façon dont votre anxiété diminue...

Une fois que vous avez fini de vous dire "Ce soir, je dormirai comme jamais auparavant dans ma vie, plein de paix et de tranquillité, la prochaine chose à faire est d'entrer dans un état de relaxation profonde avec la technique suivante qui s'appelle la respiration lapsée, elle consiste essentiellement à couper votre respiration pendant 13 secondes et à respirer ensuite pendant 13 secondes...... Cette technique permet à votre système nerveux d'envoyer des signaux directs à votre glande pinéale afin qu'elle produise et sécrète l'ensemble des hormones nécessaires pour entrer dans les phases précédant le sommeil profond. Lorsque vous avez fait exactement ce que j'ai décrit ici, vous devez vous coucher l'esprit vide, c'est-à-dire que vous ne devez pas céder à ces pensées négatives que vous aviez auparavant et qui vous empêchaient de dormir. Vous devez rejeter toutes ces pensées, et seulement fermer les yeux et penser à vous reposer... Je suis totalement convaincu que si vous le faites comme je l'explique ici, vous ferez un pas essentiel dans votre qualité de vie vers la guérison de votre trouble.

Les tisanes les plus efficaces contre l'insomnie due à l'anxiété

Tisane de lavande : elle est considérée comme l'une des plantes les plus efficaces et les plus puissantes pour réduire l'anxiété. Elle est également largement utilisée pour favoriser le sommeil en cas de troubles de l'insomnie. Il va sans dire qu'elle contient de nombreuses propriétés somnifères et qu'elle est un puissant régulateur du sommeil. La dose la plus précise est une infusion 50 minutes avant de s'endormir, et il est recommandé d'en consommer au moins 5 fois par semaine.

Tisane de valériane : particulièrement utilisée pour réduire et calmer les nerfs de l'anxiété. La dose recommandée est de 2 infusions 45 minutes avant le coucher.

Tisane de passiflore : l'une des plantes les plus couramment utilisées pour soutenir le traitement des symptômes de l'insomnie, la dose recommandée est de 2 infusions 1 heure avant d'aller au lit.

Tilleul : cette plante merveilleuse est l'un des meilleurs thés pour s'endormir grâce à son puissant effet sédatif, de sorte que ses propriétés sont largement utilisées pour calmer l'anxiété chronique et le stress, ainsi que pour aider dans une large mesure à s'endormir rapidement après une heure de consommation. Grâce au fait qu'elle agit principalement au niveau de notre système nerveux central. Ses propriétés antispasmodiques permettent également d'apaiser les douleurs telles que les crampes menstruelles et les maux d'estomac. La dose recommandée est de deux sachets en infusion avec 200 ml d'eau. Porter à ébullition et prêt à être consommé. Le moment est une heure avant de s'endormir.

Thé Rooibos : il est considéré comme le meilleur thé pour lutter naturellement contre l'insomnie. Il s'agit d'une combinaison qui agit exclusivement sur notre système nerveux périphérique et central en l'équilibrant, ce qui permet de réguler l'horloge biologique et de s'endormir immédiatement. Infusion recommandée : deux sachets 45 minutes avant de s'endormir.

Thé à la camomille : les remèdes maison ont toujours été et seront toujours l'une des meilleures options à notre disposition pour apaiser toute condition qui nous préoccupe, en particulier pour l'insomnie et l'anxiété ; la camomille. Cette plante, grâce à ses éléments puissants, est l'une des préférées et des plus utilisées contre l'anxiété. Avant même d'être étudiée en laboratoire et approuvée, cette plante était déjà considérée comme une plante aux propriétés calmantes grâce à son odeur douce et délicieuse qui émet naturellement une certaine tranquillité et aide à apporter le calme.

Ses puissants antioxydants vous rendent somnolent, c'est pourquoi il est si fortement recommandé. Si nous l'utilisons en même temps que les exercices que j'ai déjà mentionnés, elle fera des merveilles pour vous. La méthode la plus recommandée est l'infusion et l'avantage est que vous pouvez la trouver dans presque tous les supermarchés de la planète. Les produits d'aromathérapie qui contiennent de la camomille sont également recommandés en raison de son arôme, qui inspire la paix et, par conséquent, réduit l'anxiété.

En plus de nous aider à nous détendre, la camomille est un allié puissant contre les douleurs et l'inconfort gastriques, pour une bonne digestion, ainsi qu'un anti-inflammatoire puissant pendant les périodes menstruelles. Elle est également un régulateur naturel du sommeil.

Il n'y a pas de dosage spécifique pour tout le monde, mais la dose la plus recommandée est de deux sachets de camomille dans une grande tasse de thé une heure avant le coucher. Une tasse de thé par jour est recommandée pour les pauses du samedi et du dimanche.

Tisane d'ashwagandha : c'est l'une des anciennes tisanes indiennes que l'on prend exclusivement pour calmer le stress et l'anxiété, en plus de ses propriétés relaxantes pour induire le sommeil. Une infusion 45 minutes avant le coucher est la dose recommandée.

Il est à noter que vous pouvez faire des combinaisons sans dépasser trois sachets par jour sur deux, à condition d'être en bonne santé et de ne pas souffrir d'affections cardiovasculaires, rénales ou hépatiques.

Passiflore : c'est l'une des meilleures infusions car elle agit exclusivement sur notre système nerveux et possède des propriétés sédatives et analgésiques. La dose est de deux sachets dans 250 ml d'eau une heure avant de s'endormir.

Le thé au houblon : idéal pour une nuit de sommeil rapide. Bien que moins connue, cette plante merveilleuse se trouve dans certaines régions d'Europe de l'Est et a un goût amer, mais délicieux. Elle a des effets sédatifs sur notre système nerveux et calme rapidement les symptômes d'anxiété, de stress et de musculature. La dose recommandée est de deux sachets dans 300 millilitres d'eau, une heure avant le coucher.

1

J'ai réussi à me guérir complètement de ce trouble... Je suis sûr à 100 % que vous, qui êtes comme moi, pouvez faire de même : sortir de cet enfer qui vous tourmente peut-être depuis des années. Je suis sûre que vous ne lisez pas ce guide comme un passe-temps, mais parce que vous voulez vraiment être en paix. J'ai entrepris de faire ce guide il y a quelques années pour partager mon expérience et vous enseigner certaines des choses qui m'ont aidé à m'en sortir, parce que je souhaite de tout cœur que de nombreuses personnes qui souffrent en ce moment s'en sortent. Et qu'elles ne perdent pas des années de leur vie confinées à la maison ou avec cette peur de ne pas pouvoir dormir ou d'être anxieuses. Je sais ce que c'est que de vivre cela tous les jours et, par expérience, je sais aussi comment l'éliminer, parce qu'à part moi, des centaines de personnes l'ont fait de la même manière que moi. Sachant que j'en ai souffert, je sais qu'aujourd'hui des millions de personnes sont dans l'abîme, souffrant de ce trouble, et c'est pourquoi je veux que vous fassiez tout ce que j'expose dans ce guide.

Après ma guérison grâce à des techniques mentales efficaces et après quelques semaines de réflexion, j'ai décidé de dire à ma famille que j'allais écrire un petit livre sur mon expérience et sur la manière dont j'ai réussi à contrôler mon anxiété, puis à l'éliminer. Au début, beaucoup de membres de ma famille ont été surpris de voir que moi, commandant des forces spéciales, j'avais souffert de ce trouble pénible, et qu'ils pensaient que seules les personnes de faible caractère pouvaient en souffrir, mais c'est loin d'être le cas.

Je ne l'ai pas fait pour des raisons financières, car je n'en ai honnêtement pas besoin. Je l'ai écrit dans le but d'aider réellement toutes les personnes qui souffrent et pleurent cette condition maudite, comme toujours un chaton déguisé en monstre inoffensif, mais qui en même temps détruit peu à peu votre vie. Il est à noter qu'avec les techniques mentionnées ci-dessus et la méditation guidée, vous pouvez guérir naturellement de votre anxiété en quelques mois, et la surmonter, j'en suis sûr, pour toujours.

Tout ce qui découle de l'anxiété généralisée et des attaques de panique n'est rien d'autre qu'un appel à l'aide de notre propre subconscient. Pour être plus clair, il vous demande de changer votre vie, vos comportements et vos habitudes, et de rétablir l'équilibre de votre vie avant que quelque chose ne la déséquilibre. Ce livre ne vous encourage à aucun moment à ne pas demander de l'aide, bien au contraire.

Il faut bien comprendre que vous n'êtes pas en train de devenir fou si vous souffrez d'attaques de panique constantes ou de tous les symptômes de la balise. Ce n'est pas parce qu'un spécialiste de la santé vous a diagnostiqué ce trouble que vous allez passer le reste de votre vie avec, mais au contraire, vous devez avoir cette motivation et faire les techniques que nous verrons plus tard. Je comprends que ces moments de déréalisation ou de dépersonnalisation ou d'angoisse nocturne puissent être un peu ennuyeux et pénibles, mais je vous rassure, même si votre esprit pense que vous allez mourir, il ne vous arrivera rien, cela passera vite, ayez confiance, cela passera. Une nuit blanche ne vous tuera pas, pas plus qu'une crise de panique. Utilisez les techniques ci-dessous, c'est le dernier pas vers votre paix intérieure.

Mon histoire sur la façon dont j'ai réussi à vaincre la maladie - j'ai ressenti la même douleur que vous.

L'anxiété est un état altéré de notre conscience qui nous entoure d'angoisse et de peur, nous empêche de vivre en paix et nous prive de bonheur, et le pire, c'est que cela dure des années, voire parfois toute une vie. J'ai connu des personnes qui ont vécu cet enfer toute leur vie et qui n'ont jamais été heureuses. Comme le disait Mark Phus, psychanalyste, "si vous n'osez jamais faire ce pas pour sortir de l'angoisse, vous n'êtes venu au monde que pour avoir de mauvaises expériences et ne pas vraiment vivre la vie qui est". De la même manière que vous sanglotez en ce moment sur votre état, j'étais comme ça avant de trouver la solution. Je le répète donc : il y a de l'espoir. Ne perdez pas la foi.

Cela fait quelques années que je suis dans l'abîme, et aujourd'hui je peux dire fièrement que oui, même en tant que militaire d'élite, j'ai eu de l'anxiété et j'ai pleuré la nuit de peur... Je le dis avec une acceptation totale, pas comme ces gens qui ne veulent pas faire le pas de l'acceptation par peur des opinions de la famille ou des amis et d'être étiquetés comme faibles. Mais n'oubliez pas que c'est votre vie, votre bonheur qui est en jeu.

Et oui, peut-être qu'à l'époque, je ne l'ai pas totalement accepté en raison de ma position militaire et du fait que j'étais jugé craintif ou faible. En outre, ma position était menacée. Je souffrais de tous les symptômes de l'anxiété, jusqu'aux crises de panique. Comme des pensées négatives débordantes, un engourdissement des bras, des jambes et de la moitié du visage, des nuits blanches, des peurs infondées, une angoisse mentale du péché qui me faisait penser au suicide parce que la culpabilité était stratosphérique, des pensées de blasphème, un vide existentiel, de la frustration, la peur de voir mourir des proches, des pensées futuristes catastrophiques, un sentiment d'irréalité, l'impression que mon corps sortait de moi : dépersonnalisation, la peur de mourir d'une crise cardiaque due à la tachycardie, etc.

Peut-être lisez-vous ce guide parce que vous voulez aider un proche ou parce que vous avez tout simplement franchi le pas pour sortir enfin de votre enfer et retrouver le bonheur, ce qui mérite de sincères félicitations.

L'anxiété généralisée vous prive de votre bonheur et vous asservit à ce que vos peurs ou vos phobies vous dictent..... Peut-être en êtes-vous à vos débuts ou l'êtes-vous depuis quelques années et ne voulez-vous pas aller jusqu'à ces extrêmes ou continuer à souffrir, en d'autres termes, plus faciles à comprendre, vous voulez guérir maintenant. Heureusement, c'est possible, comme je l'ai fait il y a quelques années. Pourquoi l'affirmer avec autant de certitude, me direz-vous ? Parce que j'ai souffert d'une des angoisses les plus brutales que l'on puisse avoir et que j'en suis sorti victorieux après avoir suivi pendant quelques mois l'ensemble de la méthode que j'explique ici, et que je suis aujourd'hui quelqu'un de plein de paix et de bonheur, sans insomnies ni crises de panique. C'est peut-être un peu répétitif, mais vous devez faire exactement ce que je mentionne ici, même si vous pensez que c'est absurde, parce que si vous le faites avec foi : vous guérirez. Je vais maintenant commencer par le début :

Mon enfer a commencé le 22 décembre 2000 lors de vacances en Suisse. Avant d'aller en Europe, j'avais suivi dans certaines parties du monde un entraînement pour les forces spéciales d'élite. J'avais donc eu une année pleine de défis plutôt agréables dans ma vie professionnelle... jusqu'à ce que, dans cet hôtel de luxe où je séjournais et profitais de mon repos, elle arrive un jour, ouais. Putain d'anxiété.

Il est bien connu des professionnels de la santé mentale qu'une crise de panique survient généralement lorsqu'une personne est au mieux de sa forme. Et je peux confirmer que cela m'est arrivé de la même manière. Comme je vous le disais, j'étais à Genève, en Suisse, après une belle journée passée à admirer les sites et les attractions touristiques de la ville. Tard dans la nuit, alors que je m'apprêtais à me reposer parce que j'avais l'intention de continuer à explorer la ville, il s'est produit, d'une seconde à l'autre, une petite voix à l'intérieur de moi qui s'est activée et qui m'a appelé Simmons. Vers 2 heures du matin, je me suis réveillée et j'ai sauté du lit avec un début plein d'effroi.

Je me souviens encore du moment où j'ai ouvert les yeux au milieu de l'obscurité et où ma poitrine me faisait mal, comme si j'étais oppressé et que j'avais le souffle court... une peur m'a envahi et je ne savais pas ce que c'était, il n'y avait aucune logique à cet instant, je me sentais si confus et désespéré que mes innombrables entraînements militaires ne me servaient à rien. Pendant un instant, j'ai cru que j'allais mourir dans cette pièce. C'était quelque chose de nouveau pour moi.

Mais ce n'était pas tout, le pire allait venir plus tard. Un sentiment de peur brutale s'est emparé de mon esprit et j'ai parfois cru que je devenais folle, j'avais peur que si c'était vrai, je fasse quelque chose de fou et que je me jette du neuvième étage où je me trouvais. À ce moment-là, j'ai commencé à pleurer et à crier, et je me suis enfermée dans la salle de bains. Au moment où j'ai eu peur, mes intestins se sont relâchés, j'ai eu la diarrhée et j'ai vomi de peur.

Dans la douche, j'ai passé la majeure partie de la nuit en position fœtale, couverte de serviettes. À certains moments, l'angoisse dans mon esprit était brutale, voire insupportable. À un moment donné, il m'est venu à l'esprit de me noyer dans la baignoire, je me grattais et la sensation ne disparaissait pas. À la fin de la nuit, j'ai réalisé que mon propre esprit avait peur de lui-même, ce qui m'était totalement inconnu.

Moi, un commandant d'élite des forces spéciales, décoré, qui avait mené d'innombrables missions dans le monde entier et vécu des situations difficiles, je me tenais là, à pleurer dans une pièce, incapable de contrôler une simple peur infondée sans cause apparente de mon propre esprit qui m'avait barricadé à l'intérieur en tremblant de peur, et c'était l'anxiété, ce chaton déguisé en monstre.

Le lendemain, lorsque j'ai ouvert les yeux après avoir dormi quelques heures, je me suis dirigé vers les fenêtres de cette chambre luxueuse. Je tremblais encore, mais presque imperceptiblement, à cause du stress et de la peur que j'avais subis quelques heures auparavant. Ma tête était encore à moitié embrouillée, comme si je n'étais pas dans la réalité. Je regardais les choses sans leur couleur, comme si elles étaient grises, je me sentais très étrange, c'est quelque chose que seuls ceux qui l'ont vécu comprennent. Après quelques minutes d'éveil, j'ai décidé de me rendormir en priant pour que cette sensation disparaisse une fois que je serais complètement reposé, et que tout cela soit le résultat de la nourriture que j'avais mangée.

Dès le matin, je ne voulais rien dire à mon compagnon qui m'accompagnait au sujet de cette expérience inconnue que j'avais vécue, de peur qu'il ne me traite de manière désobligeante de pédé ou de tapette, comme on appelle généralement les faibles dans mon monde. Les niveaux de l'armée auxquels j'appartenais ont compris que ce que j'avais enduré n'était pas très tolérable et, en toute logique, n'était pas autorisé. Car imaginez un commandant donnant cet exemple, il serait immédiatement démis de ses fonctions. Les jours passaient et je continuais à les apprécier en Suisse genevoise, mais de la même manière, chaque nuit, une série de symptômes du même trouble continuait à se manifester de manière plus ou moins importante, parfois plus forte, parfois différente. À un certain moment, cela a provoqué un traumatisme et une peur dans mon esprit qui m'ont affaibli et, logiquement, je n'ai pas pu profiter de mon repos comme je le souhaitais.

À la maison, les symptômes se sont aggravés et les scènes se sont répétées, ce qui a immédiatement eu raison de ma force mentale, si bien que je n'ai eu d'autre choix que de demander une aide privée. Je suis arrivée chez ce spécialiste avec toutes sortes de craintes infondées et paranoïaques.

Le médecin m'a prescrit des pilules dont je dois être reconnaissante car, une fois de plus, grâce à elles, j'ai pu dormir et l'anxiété s'est dissipée comme elle était venue. Avec un peu plus de confiance, j'ai donc passé quelques jours très bien, puis j'ai arrêté les pilules parce que je devenais co-dépendante, dépendante. Malheureusement, une fois que j'ai arrêté les pilules, le monstre est réapparu comme par magie, mais cette fois, ce n'était plus le chaton, c'était un monstre et il a déclenché toutes les symptomatologies possibles et imaginables. Mais je suis restée têtue et j'ai essayé de minimiser la situation en me disant : "Simmons, tu n'as rien, ce n'est pas ton médicament, c'est ton esprit, il ne t'arrivera rien". - Je me le répétais sans cesse, mais je le disais avec beaucoup de crainte.

Sur la base de ma compréhension de ma santé mentale, j'ai pensé qu'il s'agissait de fantasmes de mon esprit ou d'un produit du stress et qu'ils ne me feraient pas de mal malgré leur caractère pénible et horrible. J'ai donc décidé de ne pas suivre le traitement du médecin psychiatre. Je me suis donc consciemment résignée à souffrir d'insomnies, de crises de panique, de diarrhées, de peurs, de nausées et de désespoir qui me faisaient me gratter la peau et me mordre la nuit à cause d'une angoisse obscène.

Maintenant que je regarde en arrière, je me rends compte que c'était une erreur d'avoir arrêté le traitement à ce moment-là, car c'est à cela que servent les médicaments professionnels, qui vous aident en quelque sorte à faire face aux terribles symptômes, même s'ils ne sont pas la solution.

En gros, tout ce que j'ai relaté retranscrit en synthèse ce que j'ai vécu et ce que vous vivez maintenant dans votre expérience. Maintenant, votre vie est un enfer, je le sais, et c'est pourquoi je répète à 100% que quel que soit le type d'anxiété et de symptômes que vous avez, vous pouvez vous guérir vous-même. Alors si vous consultez un professionnel de la santé, n'arrêtez pas, vous pouvez continuer avec lui et les conseils que je donne dans ce livre pour vous soutenir.

Je me dois de répéter ceci et je ne veux pas que vous pensiez que l'auteur de ce guide est loin de ce que vous vivez. J'ai vécu et je connais tous les symptômes de l'anxiété que vous ressentez et beaucoup d'autres que vous n'avez peut-être pas ressentis, mais qui, à un moment ou à un autre, au fil des ans, apparaissent et disparaissent. C'est pourquoi je souhaite que vous suiviez à la lettre les indications que j'expose ici sur la manière dont j'y suis parvenu. Et c'est en partie grâce à la puissance de la méthode positive-objective-imagination que j'y suis parvenu. Bien que je doive être honnête, il n'existe pas de méthode ou de traitement magique qui puisse guérir l'anxiété du jour au lendemain, donc si vous suivez l'ensemble des conseils de ce livre, cela aidera peut-être 78% des personnes qui souffrent de troubles anxieux généralisés, mais comme je l'ai toujours dit, si cela vous aide un tant soit peu, mon objectif est déjà atteint.

Le pouvoir de notre subconscient

Commençons par notre subconscient. Comme le dit l'un des psychanalystes les plus prestigieux de la planète, Frander Mrtle, notre cerveau est régi par deux parties puissantes, celle qui gouverne notre moi intérieur. En d'autres termes, l'esprit conscient et l'esprit inconscient, qui est la zone invisible toujours active, que nous dormions ou non, et qui est responsable de tous nos processus physiologiques. Pour donner un exemple, lorsque nous sommes endormis, c'est cette partie inconsciente qui est chargée de faire battre notre cœur ou de faire fonctionner tous nos organes, ainsi que tous les processus qui se produisent à chaque seconde dans notre corps. Mais son pouvoir ne s'arrête pas là. Selon les neurologues et les spécialistes du cerveau humain, notre esprit conscient a la capacité de générer 44 bits par seconde, mais contrairement à cela, notre puissant subconscient est capable de générer des millions de ces bits par seconde, ce qui, si vous l'analysez, est très puissant. Selon certaines expériences, notre esprit humain est capable de générer près de 75 000 pensées par jour, dont la plupart nous échappent, et savez-vous qui les traite toutes ? Oui, notre merveilleux subconscient. Car imaginez que notre esprit conscient le fasse, c'est-à-dire notre moi intérieur, nous deviendrions littéralement fous.

Jusqu'à présent, je n'ai présenté que des données, mais prenez une seconde pour réfléchir à la chance que nous avons d'avoir cette partie invisible appelée l'esprit conscient et vous vous demanderez peut-être pourquoi, je vais vous l'expliquer simplement. Comme vous l'avez lu plus haut, notre esprit conscient ne peut traiter que 44 bits par seconde, tandis que notre subconscient effectue des millions, des milliers, voire des millions de processus biologiques par seconde, mais ce qui est étonnant, c'est que c'est notre esprit conscient, en d'autres termes vous, qui contrôle les choix et la prise de décision. De même que la lune ne nous demande pas la permission d'atterrir chaque nuit, il en va de même pour notre inconscient, nous y introduisons des pensées de toutes sortes, souvent négatives, sans nous en rendre compte. Malheureusement, notre subconscient n'est pas libre, il n'est prêt qu'à obéir à ce que le conscient lui ordonne de faire. Que ce soit consciemment ou inconsciemment. Et tous ces ordres, il essaie de les faire tels quels.

Tous ces ordres qu'il mentionne du conscient au subconscient sont ce qui, en fin de compte, façonne toute notre réalité. Et de la même manière que je vais vous l'exposer, ils vous le donneraient dans n'importe lequel des meilleurs centres de santé mentale de la planète comme thérapie, parce que dans leur majorité ils utilisent les mêmes méthodes et techniques, mais parfois avec des noms différents parce qu'ils savent très bien que c'est là qu'il réside pour être en mesure de vaincre définitivement le trouble de l'anxiété généralisée.

Il est donc intéressant de noter que si nous transformions cette accumulation de pensées négatives en pensées positives et que nous commencions à les envoyer à notre subconscient, nous pourrions en peu de temps reprogrammer de nombreux processus mentaux nuisibles à notre esprit, tels que les mauvais vices, les habitudes néfastes, les pensées négatives, etc. Heureusement, notre subconscient est capable d'être reprogrammé autant de fois que nous le souhaitons, vous ne devriez donc pas trop vous inquiéter de votre avenir avec l'anxiété, car vous serez en mesure de guérir.

Cela peut vous paraître stupide, mais votre anxiété est presque entièrement le produit d'un subconscient mal orienté. Tout comme vous, j'ai vécu dans un tel état de peur que, même la nuit, je m'arrachais les cheveux à cause de l'angoisse de ne pas pouvoir dormir, je perdais le contrôle et je criais à tue-tête. Ce que je veux vous faire comprendre, c'est que vous n'êtes pas le seul ; il y a des millions de personnes qui souffrent de la même chose que vous, mais beaucoup essaient et parviennent à la contrôler ou à l'éliminer, contrairement à ceux qui ont peur ou qui croient qu'il n'y a pas de remède. Je veux que vous compreniez que j'étais dans la même situation que vous et que j'ai réussi. Oui, je le souligne, ce n'était pas facile, mais ce n'était pas impossible. Il m'a fallu au moins 4 mois pour la maîtriser et après un an, elle faisait déjà partie de mon passé.

Vous avez peut-être trouvé mes explications un peu fastidieuses et ennuyeuses, mais croyez-moi, il était important que vous sachiez dans les grandes lignes comment fonctionnent les deux parties de notre moi et comment la méthode de la méditation est si puissante dans les deux parties : le subconscient et le conscient pour guérir rapidement. En outre, il est cliniquement prouvé que tout ce que nous pensons dans notre conscient est automatiquement transféré à notre subconscient et que ce dernier le traduit comme s'il s'agissait de quelque chose de réel, et donc envoie généralement toujours des réactions physiologiques, faisant progressivement des ravages dans notre corps sous forme de nerfs ou d'angoisses.

C'est pourquoi, si vous dirigez indirectement ou directement des pensées nuisibles de haine, de ressentiment, d'envie, de stress, etc., votre subconscient s'en emparera et, peut-être des mois ou des années plus tard, des angoisses, des phobies et une vie déséquilibrée commenceront à se manifester.

Le pouvoir des affirmations

Avant de montrer la technique, je dois dire que j'étais totalement incrédule face à cette méthode que certains appellent affirmations, mais j'ai rapidement cessé de l'être une fois que j'ai senti les grands résultats... J'ai quand même fait des recherches approfondies sur des sujets similaires et j'ai remarqué un schéma dans la plupart des guides qui faisaient référence à la méthode - ils le faisaient toujours avec des idées similaires, mais en mentionnant les noms de manière différente.

Commençons par ce qui vous intéresse. Peut-être connaissez-vous la légendaire loi de l'attraction, très célèbre et aux résultats étonnants. Vous vous demandez peut-être comment elle fonctionne, et bien, elle fonctionne avec toute la puissance de vos sens, de vos sensations et de vos pensées. Le problème de cette loi d'attraction est que nous parvenons généralement toujours à attirer des choses négatives autour de nous, qu'il s'agisse de mauvais comportements ou de pensées apprises nuisibles. En d'autres termes, tout ce qui arrive dans votre vie n'est pas venu du jour au lendemain, mais vous l'avez attiré avec votre subconscient et ensuite sont venues les mauvaises habitudes, les mauvaises pratiques provoquées directement ou indirectement par vos pensées. Tout passe par notre esprit de contrôle qui est le conscient pour ensuite programmer le subconscient qui est comme notre régulateur physiologique de tout notre être. Je tiens à souligner qu'il ne s'agit pas d'une philosophie de pacotille, cela a été scientifiquement prouvé pendant plus d'une décennie.

Je ferme les yeux et je me vois dans le passé, avant que mon anxiété généralisée ne commence, et je me vois avec toutes sortes de mauvaises habitudes malgré ma discipline militaire, des pensées nuisibles, de l'envie, de la toxicité à tous points de vue, j'étais nul avec les autres, de la jalousie, et bien d'autres choses encore... Et tout cela ensemble créait au fil du temps directement et indirectement des schémas mentaux dans mon inconscient jusqu'à ce qu'à un moment donné l'équilibre explose et que le monstre de l'anxiété arrive. Et c'est ce qui arrive à tous ceux qui souffrent de ce trouble. Souvent, nous ne nous analysons pas et nous pensons que notre vie est normale, que nous sommes de bonnes personnes ou que nous faisons les choses correctement. Mais il est bon de s'analyser, même quand on est jeune et qu'on ne semble pas avoir de gros problèmes. En effet, même les adolescents ont souvent des angoisses dues à de nombreux facteurs, comme les brimades ou le manque d'estime de soi.

Les lois qui régissent l'univers ne comprennent pas de bon ou de mauvais moralement, mais tout est régi par une loi de cause à effet, et j'ai compris que c'était là mon problème ; mes mauvaises pensées de toutes sortes créaient en quelque sorte des frustrations en moi : mauvaise humeur, troubles et déséquilibre mental qui atteignaient un point tel que je ne pouvais plus soutenir mon esprit et le libérait, causant ainsi mon mal-être. Une fois que j'ai compris la puissante loi de l'attraction, je n'ai pas arrêté et j'ai changé toute la gamme de pensées nuisibles qui étaient entrées dans mon esprit en ne prononçant pendant la journée que des phrases positives, en disant que toute la journée était les douze heures. Et je l'ai fait tous les jours en me rappelant de ne dire et d'essayer de faire chaque action avec la meilleure attitude possible pour me débarrasser de tous ces mauvais schémas mentaux qui étaient en quelque sorte directement liés à mon anxiété et aux pensées qui créent de mauvaises habitudes.

Dans le livre Nouvelle conscience pour calmer l'anxiété d'Udany Vaeru, vous pouvez découvrir de beaux exemples de cette méthode d'attraction que vous pouvez utiliser. Par exemple, vous pourriez dire : " Je vais faire de toi mon ami car tu as déjà quitté ma vie, tout comme tes crises de panique qui m'ont fait beaucoup de mal, aujourd'hui je suis heureux je suis très heureux même si je ressens encore des sensations dans mon corps, je sais que bientôt je ne les ressentirai plus alors je vais en profiter... je m'aime de tout mon cœur, aujourd'hui je vais arrêter de fumer, aujourd'hui je vais arrêter d'être infidèle, aujourd'hui je vais arrêter de traîner dans les bars avec des femmes, je suis en bonne santé mentale et physique car je fais partie de l'univers... "... tous ces types d'affirmations positives ont un pouvoir direct sur notre inconscient qui se reprogramme immédiatement.

Cependant, il ne faut jamais mentionner dans le processus d'affirmation des choses, des pensées ou des actions négatives telles que : je me sens mal, je suis nul, je n'ai pas d'argent, j'en ai marre de ne rien réussir, ma vie est nulle, ces pensées me font peur, etc. Elles ne doivent même pas vous traverser l'esprit car si vous le faites à nouveau, vous les accueillerez ou les laisserez bloquer ce que vous êtes en train d'améliorer avec les exercices, et vous ne vous améliorerez pas. Ne le faites donc pas, ne pensez pas à des choses négatives et ne faites pas d'actions négatives parce que vous accueillerez le désordre, qui est le seul moyen dont dispose notre subconscient pour libérer toute la tension émotionnelle accumulée et manifestée dans notre organisme physique.

J'ai donc recommencé le processus de reprogrammation comme je l'ai mentionné. Et chaque matin, au réveil, la première chose que je faisais était de me dire à haute voix des prières positives et puissantes qui me donneraient la paix et le calme. Une chose fondamentale à mentionner est que vous ne devez pas les répéter comme un robot une fois que vous avez établi les affirmations que vous vous dites, mais vous devez le faire avec foi et avec toute votre force qu'en vérité ces prières ou phrases puissantes que vous vous dites peuvent vraiment faire un changement dans votre état mental, et qu'elles sont efficaces pour reprogrammer votre inconscient. Si vous ne savez pas trop quoi vous dire, vous devriez faire au moins une liste de 10 affirmations puissantes que vous pouvez emporter avec vous pendant la première semaine et les répéter tous les matins et tous les soirs..... vous pouvez faire cela pendant au moins un mois, mais attention ! vous devez changer vos habitudes, votre style de vie et votre façon de penser positivement, rien de négatif, si vous faites cela, vous n'aurez besoin de personne d'autre que de vous-même pour vaincre le monstre.

Malgré ce que j'ai dit plus haut, je dois être honnête, cette puissante méthode d'affirmations par la fameuse loi de l'attraction, bien qu'elle soit extrêmement efficace chez certaines personnes, ses résultats ne sont pas si rapides, mais si vous avez un peu de patience, ce qui est une vertu, dans les 5 premières semaines après avoir commencé, vous serez en mesure de voir et de sentir son efficacité. Personnellement, cela a fonctionné pour moi après 4 semaines, et je l'ai fait en abandonnant des vices et de mauvaises habitudes mentales. .... En 4 semaines, j'ai déjà ressenti de la sécurité, de la tranquillité, du calme, de la positivité et le plus important : du bonheur, ce que je n'avais pas ressenti depuis une dizaine d'années. Cette loi est universelle, donc quelle que soit la période de l'année, elle sera toujours efficace.

Certes, elle est plus lente à produire des résultats, mais comme il s'agit d'une loi universelle qui régit la vie, elle apportera la guérison dans votre vie une fois que vous aurez remplacé votre ancien schéma mental par un nouveau. Grâce aux affirmations simples mais puissantes, votre vie changera et l'anxiété disparaîtra sans même que vous vous en rendiez compte. À partir de maintenant, soyez toujours positif. Oui, même si les choses ne vont pas bien... pensez à des choses positives comme si elles se produisaient déjà dans votre vie, comme si elles étaient déjà une réalité. Si vous faites cela, qu'elles deviennent ou non réalité, vous enverrez à votre subconscient des schémas et des ordres pour vous reprogrammer vers un meilleur vous et donc vers un nouvel état d'esprit libéré des troubles ennuyeux de l'anxiété généralisée.

Voici 10 affirmations puissantes que j'avais l'habitude de faire chaque matin et avant de me coucher. Je vous recommande de faire les vôtres, celles auxquelles vous vous identifiez le plus :

1. Simmon, aujourd'hui tu seras heureux, oui très heureux, pourquoi ? parce que tu peux encore respirer et que tu as beaucoup de choses pour lesquelles tu peux te battre et te réjouir.
2. Simmons, je n'abandonnerai jamais, c'est pourquoi je sourirai toujours, quelle que soit la tempête....
3. "Simmons n'a plus peur de la peur, au contraire, il veut être votre ami parce qu'il va bientôt partir et ne jamais revenir". Riez de lui pour qu'il s'en aille quand il a une crise de panique. Si vous riez courageusement, vous verrez qu'il disparaît immédiatement, je pense que la fureur dans ces moments-là fait fuir la peur, le fait d'être fort à ce moment-là, d'avoir de la fureur fait fuir toute panique....
4. Finie la vie de débauche, je me tiendrai à l'écart des bars et des lieux de vice.
5. Aujourd'hui, je vais courir dans les montagnes.
6. J'ai des objectifs à atteindre et je les atteindrai volontiers.
7. Je me sens très bien.
8. Je dormirai sans crainte parce que je suis heureux sans

soucis.

9. Je ne m'inquiète plus de rien, je vis chaque jour.

10. Je suis en bonne santé, je suis en bonne santé, je me sens
    bien ...

Méditation pour l'anxiété

La méditation a été un élément fondamental et essentiel de ma guérison finale, mais vous vous demandez peut-être en quoi consiste cette méthode efficace. La pratique de la méditation consiste à exercer son état mental. En d'autres termes, il s'agit de ne transmettre aucune pensée au subconscient pendant qu'on l'exécute, en la ressentant uniquement dans l'état présent, sans l'emmener dans le passé ou le futur. C'est dans cet état que notre esprit, notre subconscient et notre conscient peuvent s'accorder et s'équilibrer, et ainsi se calmer et cesser d'envoyer des sensations désagréables à notre corps...

L'exécution de cette pratique apportera toujours de bons résultats pour toute notre santé et beaucoup mieux pour notre esprit, et ce parce qu'elle diminue notamment les niveaux d'anxiété et de stress, ce qui contribue grandement à la ségrégation des hormones du bonheur. Non seulement elle a des effets bénéfiques sur l'anxiété, mais elle vous soutiendra lorsque vous abandonnerez vos vices et vos mauvaises habitudes.

Les professionnels de la santé mentale l'ont recommandé ces dernières années comme un traitement alternatif efficace pour se débarrasser de l'anxiété. L'un des premiers psychanalystes à l'avoir utilisée avec succès et avec 88 % de résultats positifs est Peter Kelt, dans l'un des meilleurs hôpitaux des États-Unis. Et grâce à ses résultats incroyables, de nombreux spécialistes ont commencé à l'utiliser car elle restructure notre esprit à un état antérieur dans les processus mentaux.

Outre l'ensemble des techniques mentionnées dans les premières sections de ce guide qui m'ont aidé et guéri, la méditation est également très importante et je l'ai pratiquée deux fois par jour, le matin et avant de m'endormir, ce qui m'a procuré une paix incroyable. Aujourd'hui, je suis paisible et heureux. La bonne chose à propos de cette pratique est qu'elle fonctionne pour presque tout le monde, c'est-à-dire que selon le mental Hehl USA sur 1000 personnes qui l'ont effectué a témoigné que dans les 2 premiers mois 920 personnes ont atteint une guérison de l'anxiété de 70% sans compter le reste des mois à venir, évidemment il devrait être mentionné que beaucoup d'anxiétés sont modérées et avec cette pratique pourrait quitter votre vie tandis que d'autres anxiétés chroniques nécessitent plus de temps, mais c'est une bonne façon de guérir.

Je vais maintenant vous raconter en résumé comment j'ai vécu mon expérience avec cette méthode. Mon anxiété était si brutale que je n'arrivais même pas à garder les yeux fermés, vous savez les pensées intrusives et toutes sortes de malaises la nuit, plus les cauchemars et les satanées crises de panique qui m'empêchaient d'avoir l'esprit tranquille, et à ce stade de ma vie je commençais tout juste à pratiquer les affirmations. Mais comme j'étais nouveau, j'avais encore de l'anxiété pendant des jours ou des semaines, mais heureusement, à ce stade, j'ai été initié à la méditation. Je me souviens encore que je regardais une vidéo sur la valeur de nos vies et que j'ai soudain compris, toute une série d'émotions m'ont traversé l'esprit et j'ai vraiment pris conscience de ce qui se passait dans ma vie. J'avais deux options : guérir une fois pour toutes ou essayer avec ce que j'avais, ce qui, bien que les affirmations soient extraordinaires, prendrait du temps. Les affirmations peuvent vous guérir, mais avec la méditation, c'est beaucoup plus rapide.

À ce stade, j'étais capable de dormir et de maîtriser mon anxiété lorsque j'avais une crise de panique, mais il est évident que je n'étais pas encore complètement guérie, parce que mon anxiété, comme je l'ai dit précédemment, était chronique, mais je m'étais quand même améliorée de façon incroyable par rapport à ce que je ressentais. Je voulais guérir complètement, m'attaquer au problème. Alors, même si je ne voulais pas le faire, j'ai commencé à chercher une spécialiste qui pourrait m'aider avec la méthode de méditation et, grâce à Dieu, je l'ai trouvée. Poly était mon professeur qui utilisait la méthode de méditation guidée avec des images positives.

Elle était spécialiste et utilisait la méditation par imagerie pour tous les patients qu'elle aidait. La première chose qu'elle me disait était de m'asseoir confortablement sur le sol, mais vous pouvez le faire en position allongée ou semi-allongée. Puis, de sa voix accompagnée d'une mélodie harmonieuse, il me plongeait dans une profonde relaxation. Ensuite, il vous dicte de vous concentrer uniquement sur votre respiration lente mais profonde, puis il vous chuchote pour que vous sentiez dans les moindres détails comment contrôler chaque zone de votre corps pendant que vous le détendez, et enfin il vous donne une série d'ordres pour que vous dessiniez dans votre esprit, par la visualisation, l'endroit le plus harmonieux et le plus paisible de l'univers. Et quelques minutes plus tard, j'ai réussi, on entre dans un état d'esprit profond de tranquillité qu'il est difficile d'imaginer si on ne le vit pas dans sa propre chair.

Si vous le faites seul, vous vous visualiserez dans l'image mentale de votre choix, plein de bonheur et de paix... lorsque vous ouvrirez à nouveau les yeux, quelque chose changera dans votre perception des choses. Tout devient plus calme, plus lent, plus positif et plus énergique.

Je me souviens encore de la première fois que je l'ai fait. Et c'était particulier. Pendant les 15 premières minutes, je suis restée assise à essayer de ne pas bouger, tandis que la voix douce et lente de mon professeur me guidait à travers tout le processus de la technique. Au fond de moi, je faisais l'image mentale avec difficulté parce que c'était la première fois. Je dois dire qu'au début, je ne pensais pas que cela m'aiderait beaucoup, mais dès la première séance, j'ai ressenti ce que je n'avais pas ressenti depuis des années : la paix, cette paix dont je n'aurais jamais cru qu'elle reviendrait. Et c'est manifestement la méditation guidée avec visualisation qui l'a provoquée. Rien que cette nuit-là, l'insomnie a disparu. J'y suis allée quatre fois par semaine et ma guérison s'est faite progressivement au cours des mois suivants. Beaucoup de gens sont incrédules, pensent que la méditation est stupide et la considèrent comme une mode ridicule, mais je peux confirmer que cela fonctionne vraiment. En plus d'être scientifiquement prouvée, cette méthode de méditation guidée avec des images aide à équilibrer notre subconscient dès la première séance. En outre, elle vous apporte de grands bénéfices au-delà de l'anxiété car elle vous permet de libérer l'énergie accumulée dans les muscles et aide à oxygéner tout votre corps et par inertie le bien-être mental.

La pratique quotidienne de la méditation vous permet d'éliminer rapidement vos peurs, et il vous sera plus facile de contrôler vos crises de panique que si vous ne parvenez pas à les éliminer, si vous pouvez les contrôler rapidement.

Lorsqu'un individu médite, il entre dans un niveau de conscience similaire à l'énergie qui circule au moment du sommeil, à la différence que dans cet état de méditation, nous laissons notre moi, c'est-à-dire notre esprit conscient, actif, et c'est là que réside le pouvoir. Ce faisant, nous rendons possible une communication directe entre le conscient et le subconscient, transcendantale pour lui donner des ordres et ainsi le reprogrammer au moyen de messages positifs dérivés d'images ou de messages mentaux. Ce qui est incroyable, c'est que notre esprit s'adapte à tout, c'est-à-dire que peu importe si nous souffrons depuis quatre décennies d'anxiété, avec la technique de la méditation guidée visualisée, nous pourrons guérir rapidement.

Si vous voulez vous débarrasser d'une peur qui vous fait souffrir, il vous suffit de fermer les yeux et d'aller lentement dans votre esprit pour recréer avec votre imagination cette visualisation qui vous fait peur, et vous devez faire face à cette peur avec la foi que vous n'avez pas peur d'elle. Il est important de mentionner que vous devez visualiser ce qui vous fait peur avec le plus de détails possible, en vous imaginant réellement dans cette scène, ce lieu, cette chose ou cette situation. Votre subconscient vous obéira au doigt et à l'œil chaque fois que vous lui répéterez un schéma au quotidien. Par exemple : "Je n'ai plus peur de parler devant les gens, je n'ai plus peur qu'ils pensent ce qu'ils veulent. Je n'aurai plus jamais peur, je me vois libéré de l'anxiété et je profite de la vie..." Des visualisations comme celles-ci, vous devriez en faire tous les jours. Elles sont si simples et si puissantes dans votre subconscient parce qu'elles génèrent de nouveaux schémas. Et petit à petit, votre peur commence à disparaître, cela s'applique à tout, peur, habitude... notre subconscient devra toujours obéir parce qu'il est notre esclave, c'est exact, l'esclave de l'esprit conscient : vous.

Il convient de préciser que la tranquillité d'esprit n'est pas toujours obtenue dès les premiers jours, mais qu'il y a toujours un point de départ pour l'amélioration et que celle-ci est toujours progressive jusqu'à la guérison. Pour cela, il faut être patient et persévérant, et ne jamais abandonner. Car à un moment donné, vous y arriverez. La plupart des personnes traitées avec cette technique obtiennent de très bons résultats dès les deux premières semaines, au point que chez beaucoup d'entre elles, l'anxiété et les crises de panique disparaissent.

Il est fort probable que vous connaissiez de nombreuses personnes qui vous sont proches et pour qui tout se passe très bien à tous points de vue, que ce soit sur le plan économique, amoureux, social et qui semblent ne jamais avoir de problèmes comme ceux dont vous souffrez ; anxiété généralisée ou insomnie ou troubles paniques et cela en grande partie parce qu'elles connaissent inconsciemment le secret de l'esprit ou tout simplement parce qu'elles canalisent toujours des pensées positives vers le subconscient même si elles ont de mauvaises habitudes, mais elles sont positives et cela leur obéit en toutes choses. Contrairement à eux, il y a des individus pour qui tout va mal dans tous les domaines et qui développent des troubles dérivés de l'anxiété, de la dépression, des peurs, etc. Et ceci principalement parce qu'ils ont indirectement ou directement envoyé pendant de longues périodes des messages négatifs, des habitudes etc. au subconscient, comme des pensées pessimistes de pauvreté, de haine, d'envie, de jalousie etc. Et notre subconscient est conçu pour cela ; obéir à ce que notre conscient envoie directement ou indirectement et refléter vos ordres dans votre corps, ainsi que la pauvreté physique, mentale et les angoisses.

Indépendamment de ce dont vous avez souffert ou non pour en arriver à souffrir d'anxiété généralisée, vous devez garder à l'esprit que votre esprit conscient ou vous êtes le pilote qui tient le volant et qui dirige la voiture subconsciente, et vous ne pouvez la diriger que dans la direction que vous voulez. Si vous lui donnez un ordre, il obéira, mais si vous le laissez prendre le contrôle, il vous apportera de nombreuses complications telles que des troubles, des peurs, des angoisses, et vous devez donc faire attention à tout ce que vous faites, qu'il s'agisse de pensées, d'habitudes ou de comportements.

La visualisation pour éliminer l'anxiété

Il s'agit d'une technique dont l'efficacité m'a vraiment époustouflé et qui vous apportera une grande tranquillité d'esprit dans votre vie. C'est l'une des techniques les plus étonnantes qui existent et elle est connue sous le nom de carrés de paix. Elle n'est pas si difficile à mettre en œuvre. En fait, c'est plus facile que vous ne le pensez. Dans un endroit isolé, loin des bruits et des regards des autres, vous devez placer des images imprimées en fonction de ce que vous souhaitez obtenir, par exemple la paix dans votre vie.

Placez-les dans les endroits où vous passez le plus de temps, car de cette façon vous les regarderez en permanence et enverrez ce message subliminal de paix à votre esprit. L'idée est d'apporter à son esprit conscient et subconscient une série de stimuli de calme et de tranquillité, c'est-à-dire des stimuli directs de paix et d'harmonie en permanence. Il peut s'agir, par exemple, d'une photo où l'on voit un couple complètement heureux au milieu d'un champ de blé, une famille qui s'amuse au milieu d'une forêt. Ou tout simplement un beau paysage. Vous pouvez penser que c'est complètement absurde, mais croyez-moi, la réaction est cumulative, et bientôt, au bout de quelques jours ou de quelques semaines, vous verrez les résultats. D'une manière ou d'une autre, votre subconscient continuera à vous envoyer des stimuli positifs, encore et encore, et en réaction, il répondra automatiquement par des changements positifs dans tout votre organisme, tels que l'équilibre mental, la diminution de l'anxiété et la disparition des troubles. Et au moment où vous y penserez, vous serez sorti de votre cauchemar et ne le verrez plus que comme un lointain passé.

Cette technique est essentielle à pratiquer à chaque fois que vous vous endormez. Il est conseillé de la pratiquer une heure avant, pendant que le thé de votre choix fait effet. Vous devez entrer dans cette image mentale, quelle qu'elle soit, mais elle doit transmettre la tranquillité, ce qui est le plus important, et vous devez également analyser cette même image. Croyez-moi, c'est très fonctionnel. En fait, les publicitaires eux-mêmes l'appliquent avec un succès incroyable. Je vous donne un exemple. Lorsque vous voyez une publicité à la télévision ou sur Internet et qu'il s'agit d'une chips, il y a de fortes chances que vous finissiez par l'acheter. Au moins 5 personnes sur 7 regardent une publicité.

C'est parce que cela fonctionne de la même manière que la technique que je vous montre ici. Ce qui se passe, c'est que notre moi, c'est-à-dire notre conscient, transmet un signal de désir lorsque nous voyons les pommes de terre à notre subconscient et celui-ci traduit l'impulsion et envoie la sensation de désir à notre organisme par le biais d'une envie de ce produit, et donc vous décidez de ce désir de l'acheter ou non à la fin vous accédez. Au moins 5 personnes sur 7 le font, et c'est parce qu'il est difficile de résister à l'envie de manger ces pommes de terre. La technique fonctionne de la même manière. Si vous dites chaque jour à votre esprit : "Je suis heureux, je vais guérir, je suis heureux, je vais guérir", mais que vous agissez réellement, que vous faites des choses positives dans votre vie, comme améliorer vos habitudes et vos schémas mentaux, et qu'au lieu de vous plaindre de vos peurs et de vos angoisses, vous allez vous promener, faire du sport, être heureux, etc. Si vous restructurez tous les aspects de votre vie, il ne vous faudra que quelques semaines pour atteindre le succès.

Je veux que vous soyez comme le publicitaire qui fait la publicité et que vous dirigiez votre subconscient vers des pensées, des habitudes physiques, des actions, des attitudes positives d'harmonie, de paix et de tranquillité, et tout cela en plus de le réaliser avec des pensées, essayez de le faire avec des images égales de bonheur, de paix et d'harmonie. Cette méthode fonctionne également avec toutes sortes de stimuli qui vous sont agréables. Par exemple, le bruit des vagues, le bruit de la forêt, le bruit des oiseaux, ou tout ce qui est une explosion de messages de paix à votre subconscient et vous pouvez le reprogrammer le plus rapidement possible et atteindre l'équilibre désiré, où les attaques de panique et l'anxiété disparaissent, tout comme elles sont venues.

Si, à un moment donné, vous vous demandez combien de temps il faudra pour que la guérison survienne, laissez-moi vous dire honnêtement que cela dépend beaucoup de votre volonté de suivre rigoureusement tout ce qui est écrit dans ce livre. Si vous le faites avec foi et patience chaque jour, en moins de 3 mois, vous serez bien mieux que vous ne l'êtes aujourd'hui. Il serait honnêtement stupide de ma part d'affirmer catégoriquement que vous serez guéri en une semaine. Tout est un processus, mais une fois que vous avez fait les premiers progrès, votre guérison est à portée de main. Il n'y a pas de retour en arrière possible.

J'ai créé ce petit guide parce que je veux vraiment que vous guérissiez. Je vous demande de prendre le plus de temps possible pour analyser et faire chaque étape que j'ai exposée ici - analysez-la ! Ce livre contient de nombreuses vérités qui peuvent remettre ta vie sur les rails si tu mets de ton côté la chose la plus importante : l'espoir.

Je souhaite vraiment que vous essayiez chaque technique. Ayez confiance... ce qui compte, c'est que si vous essayez comme je l'ai fait, vous guérirez naturellement et redeviendrez vous-même, heureux, comme avant. Je vous souhaite le meilleur, votre ami Simmons Graham, un survivant qui est heureux grâce aux mêmes concepts que ceux que j'explique dans ce livre. Vous pouvez...